SRA Intervenciones tempranas de la lectura

Libro de actividades B

McGraw Hill SRA

Bothell, WA • Chicago, IL • Columbus, OH • New York, NY

I0799355

MHEonline.com

McGraw Hill SRA

Copyright © 2012 by The McGraw-Hill Companies, Inc.

All rights reserved. No part of this publication may be reproduced or distributed in any form or by any means, or stored in a database or retrieval system, without the prior written consent of The McGraw-Hill Companies, Inc., including, but not limited to, network storage or transmission, or broadcast for distance learning.

Send all inquiries to:
McGraw-Hill Education
8787 Orion Place
Columbus, OH 43240

ISBN: 978-0-02-114641-3
MHID: 0-02-114641-1

Printed in the United States of America.

9 LON 24 23 22

Tabla de contenidos

Nombre

Lección 41

Actividad 3

Actividad 4

cómo

gata

casa

sale

más

de

osa

mira

Copyright © The McGraw-Hill Companies, Inc.

Nombre____

Lección 42

Actividad 4

Actividad 7

temas mira

amigo dolor

fuga temor

salen muela

Copyright © The McGraw-Hill Companies, Inc.

Nombre

Lección 43

Actividad 3

Copyright © The McGraw-Hill Companies, Inc.

Nombre____

Lección 43

Actividad 4

gata

salta

gusta

mosca

cara

león

roca

duda

Copyright © The McGraw-Hill Companies, Inc.

Nombre

Lección 43

Actividad 7

Copyright © The McGraw-Hill Companies, Inc.

Nombre

Lección 44

Actividad 2

Actividad 3

Copyright © The McGraw-Hill Companies, Inc.

Nombre______________________________

Lección 44

Actividad 4

oca roca

sale teme

león dormir

anda risa

los dos

Copyright © The McGraw-Hill Companies, Inc.

Nombre

Lección 45

Actividad 3

Copyright © The McGraw-Hill Companies, Inc.

Nombre________________

Lección 45

Actividad 6

gafas	mira	los
dos	les	risa
sin	son	Tino
Toni	como	usar

Copyright © The McGraw-Hill Companies, Inc.

Nombre______________________________

Lección 45

Actividad 7

gente

confunde

gemelos

gusta

nadar

salir

Copyright © The McGraw-Hill Companies, Inc.

Nombre

Lección 46

Actividad 4

María	llama	dar
día	uno	unos
está	estar	Gema

Actividad 7

Copyright © The McGraw-Hill Companies, Inc.

Nombre

Lección 47

Vv

Actividad 4

v

v

V

V

Copyright © The McGraw-Hill Companies, Inc.

Nombre ______________________________

Lección 47

Actividad 6

Copyright © The McGraw-Hill Companies, Inc.

Nombre ____________________

Lección 48

Actividad 4

Actividad 5

Víctor

contesta

saluda

lindo

salta

único

vamos

verde

final

Copyright © The McGraw-Hill Companies, Inc.

Nombre____________________

Lección 48

Actividad 6

malo	vivo
lindo	esta
estar	sofá
salta	dile
gusta	cola
con	del
algo	ver

Copyright © The McGraw-Hill Companies, Inc.

Nombre________________________________

Lección 48

Actividad 7

rr

rr

Copyright © The McGraw-Hill Companies, Inc.

Nombre

Lección 49

Actividad 1

Copyright © The McGraw-Hill Companies, Inc.

Nombre

Lección 49

Actividad 2

Actividad 4

gusta	ver	deli
algo	gana	sólo
río	come	por

Copyright © The McGraw-Hill Companies, Inc.

Nombre______________________________

Lección 49

Actividad 5

contesta — música

pasear — verdad

favorita — persona

mercado — vende

Actividad 6

b b b

Copyright © The McGraw-Hill Companies, Inc.

Nombre____

Lección 50

Actividad 3

va	vo	vi	ve	vu
lla	llo	lli	lle	llu
ra	ro	ri	re	ru
la	lo	li	le	lu
ga	go	gi	ge	gu

Copyright © The McGraw-Hill Companies, Inc.

Nombre____

Lección 50

Actividad 4

por	dos	gana
sólo	oír	nada
mar	al	fin
unos	los	
son	del	

Copyright © The McGraw-Hill Companies, Inc.

Nombre______________________________

Lección 50

Actividad 7

Copyright © The McGraw-Hill Companies, Inc.

Nombre

Lección 51

Actividad 2

rr

Actividad 3

Copyright © The McGraw-Hill Companies, Inc.

Nombre

Lección 51

Actividad 5

favorita persona

vamos pescar

pesca música

pintar comer

verdad mercado

Actividad 6

yo yo yo yo

Copyright © The McGraw-Hill Companies, Inc.

Nombre

Lección 52

Actividad 2

Actividad 4

Copyright © The McGraw-Hill Companies, Inc.

Nombre____________________

Lección 53

Actividad 1

v	ge	rr	l
r	c	ll	rr
r	l	ll	g
gi	g	ge	m

Copyright © The McGraw-Hill Companies, Inc.

Nombre________________________________

Lección 53

Actividad 4

norte

pasear

enorme

perro

regalos

caminar

pantalones

música

Copyright © The McGraw-Hill Companies, Inc.

Nombre____________________

Lección 53

Actividad 5

enorme	falda
persona	pantalones

1. Pepe se puso unos ____________.

2. Mi mamá me compró una ____________.

3. Mi papá es mi ____________ favorita.

4. La casa es ____________.

Copyright © The McGraw-Hill Companies, Inc.

Nombre ______________________________

Lección 54

Actividad 2

mucho   mucho

Copyright © The McGraw-Hill Companies, Inc.

Nombre ____________________

Lección 54

Actividad 3

teléfono	uno
come	llama

1. El número es ____________________.

2. Papá ____________________ al oso.

3. Ema usa el ____________________.

4. El gato ____________________ pescado.

Copyright © The McGraw-Hill Companies, Inc.

Nombre

Lección 54

Actividad 4

Copyright © The McGraw-Hill Companies, Inc.

Nombre______________________________

Lección 54

Actividad 5

más	gema
van	don
dos	uno
una	unos
ve	veo

Actividad 6

campo	paseo	alaridos
tantos	girasol	sácalo

Copyright © The McGraw-Hill Companies, Inc.

Nombre

Lección 55

Actividad 2

Copyright © The McGraw-Hill Companies, Inc.

Nombre

Lección 55

Actividad 4

vive	una	con
tío	sus	para
es	está	estar

Actividad 5

y y y y

Copyright © The McGraw-Hill Companies, Inc.

Nombre

Lección 55

Actividad 6

Copyright © The McGraw-Hill Companies, Inc.

Nombre______________________________

Lección 56

Actividad 4

veo	esta	llama
vende	y	yo
lee	gato	pato

Actividad 5

desear	retratos	libros
avión		regalos
enorme		verano

Copyright © The McGraw-Hill Companies, Inc.

Nombre________________________

Lección 56

Actividad 7

toca	lee	canta
vuela		pinta

1. El mono ____________.

2. La mosca ____________.

3. El yac ____________.

4. El gato ____________.

5. El pato ____________ la guitarra.

Copyright © The McGraw-Hill Companies, Inc.

Nombre____

Lección 57

h

Actividad 4

h

h

Copyright © The McGraw-Hill Companies, Inc.

Nombre

Lección 58

Hh

Actividad 4

H

H

h

Copyright © The McGraw-Hill Companies, Inc.

Nombre____

Lección 58

Actividad 5

Copyright © The McGraw-Hill Companies, Inc.

Nombre

Lección 59

Actividad 3

Actividad 5

Copyright © The McGraw-Hill Companies, Inc.

Nombre______________________________

Lección 59

Actividad 6

sube sube sube sube

baja baja baja baja

Copyright © The McGraw-Hill Companies, Inc.

Nombre

Lección 60

Actividad 1

Actividad 3

Copyright © The McGraw-Hill Companies, Inc.

Nombre________________________________

Lección 60

Actividad 5

hola

ayuda

rueda

hermano

Soraya

ensayan

pretende

Copyright © The McGraw-Hill Companies, Inc.

Nombre

Lección 61

Actividad 2

ci

Actividad 4

vecina falda misma

tienen gente llegar

cuarto llevar verde

Actividad 5

ch • • • •

ch • • • •

Copyright © The McGraw-Hill Companies, Inc.

Nombre

Lección 62

Actividad 6

desea

hocico

comido

dormido

apetito

hondo

había

husmea

Actividad 7

qu

qu

Copyright © The McGraw-Hill Companies, Inc.

Nombre

Lección 63

Actividad 4

Actividad 5

dinero

recibió

piñata

hermano

dulces

mañana

señoritas

señores

Copyright © The McGraw-Hill Companies, Inc.

Nombre ____________________

Lección 64

Actividad 2

Copyright © The McGraw-Hill Companies, Inc.

Nombre________________________________

Lección 64

Jj

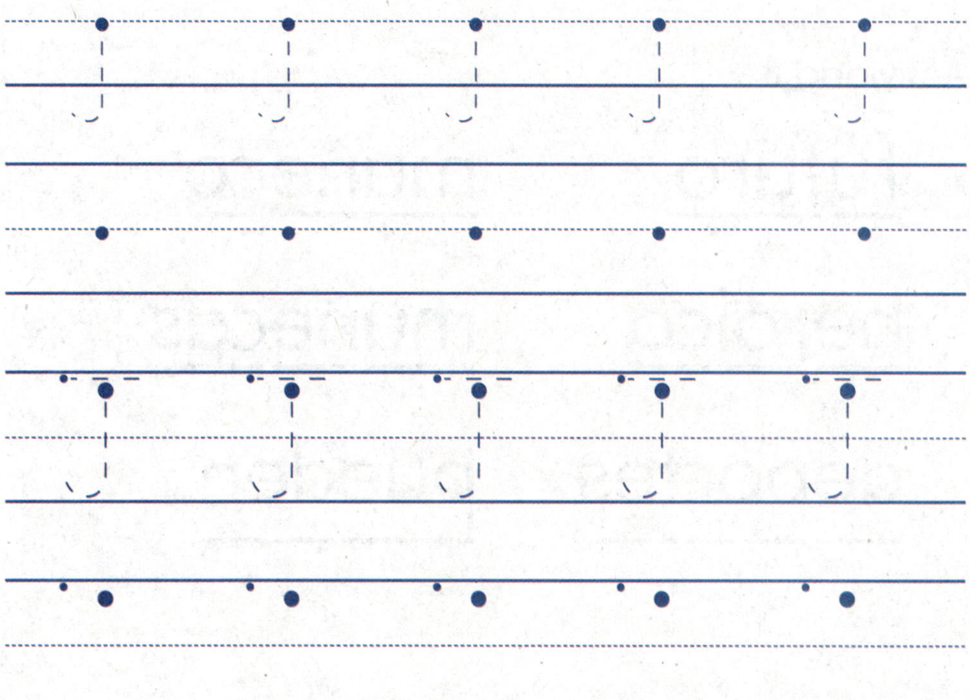

Actividad 5

j

j

J

J

Copyright © The McGraw-Hill Companies, Inc.

Nombre____

Lección 64

Actividad 7

niña lora

para pero

menú todo

Actividad 8

futuro muñeco

heroico muñecas

deportes pueden

Copyright © The McGraw-Hill Companies, Inc.

Nombre ____________________

Lección 65

Actividad 2

Copyright © The McGraw-Hill Companies, Inc.

Nombre ______________________

Lección 65

Actividad 4

amigo	rico
foto	esta
gato	casa
loro	sabe
lago	muy

Copyright © The McGraw-Hill Companies, Inc.

Nombre

Lección 66

Actividad 2

Actividad 5

b

b

Copyright © The McGraw-Hill Companies, Inc.

Nombre ______________________

Lección 66

Actividad 7

muñeca hermana

visitar rosada

padres regalo

hermosa también

Actividad 8

una van mis

daré rosa tía

ver como y

Copyright © The McGraw-Hill Companies, Inc.

Nombre

Lección 67

Bb

Actividad 2

B

B

Actividad 4

Copyright © The McGraw-Hill Companies, Inc.

Nombre

Lección 68

Actividad 2

Actividad 3

Copyright © The McGraw-Hill Companies, Inc.

Nombre________________

Lección 68

Actividad 5

cómo	crees
niñas	para
muy	con
solo	hace
gana	va

Copyright © The McGraw-Hill Companies, Inc.

Nombre ______

Lección 69

Actividad 3

Copyright © The McGraw-Hill Companies, Inc.

Nombre____

Lección 69

Actividad 4

niños palas

niñas todo

tiene muy

para tenis

Copyright © The McGraw-Hill Companies, Inc.

Nombre

Lección 70

Ch

Actividad 3

ch

ch

Ch

Ch

Copyright © The McGraw-Hill Companies, Inc.

Nombre ____________________

Lección 70

Actividad 6

burra sacos

tirar arrea

baja beber

Copyright © The McGraw-Hill Companies, Inc.

Nombre________________________________

Lección 71

Actividad 2

cha	cho	chi	che	chu
ba	bo	bi	be	bu
ña	ño	ñi	ñe	ñu
ja	jo	ji	je	ju
va	vo	vi	ve	vu

Copyright © The McGraw-Hill Companies, Inc.

Nombre_______________

Lección 71

Actividad 3

vamos todos grande

casa ahora amigo

Actividad 4

maestra aprobar

nuestro cliente

primavera preparar

protegerlas terreno

Copyright © The McGraw-Hill Companies, Inc.

Nombre

Lección 71

Actividad 6

Copyright © The McGraw-Hill Companies, Inc.

Nombre

Lección 72

Actividad 3

Copyright © The McGraw-Hill Companies, Inc.

Nombre__________________________

Lección 72

Actividad 4

ser	muchas	hay
es	esta	los
dos	mis	puso
niño	sea	las

Copyright © The McGraw-Hill Companies, Inc.

Nombre____

Lección 72

Actividad 5

escucha

contento

nuevo

acercó

faltaba

necesito

probó

aprobó

Copyright © The McGraw-Hill Companies, Inc.

Nombre________________________________

Lección 73

Qu qu

Actividad 2

qu

qu

Qu

Qu

Copyright © The McGraw-Hill Companies, Inc.

Nombre ____________________

Lección 73

Actividad 5

grullas

palitos

otoño

verano

tamaño

migran

Copyright © The McGraw-Hill Companies, Inc.

Nombre______________________________

Lección 74

Actividad 5

vuelve

sombrero

pañuelos

asombran

función

público

sonríe

despide

Copyright © The McGraw-Hill Companies, Inc.

Nombre

Lección 75

Actividad 2

Copyright © The McGraw-Hill Companies, Inc.

Nombre

Lección 75

Actividad 4

Actividad 5

llora	chica	lecho
noche	tomar	cerca
farol	busca	que

Copyright © The McGraw-Hill Companies, Inc.

Nombre

Lección 76

Actividad 2

Copyright © The McGraw-Hill Companies, Inc.

Nombre______________________________

Lección 76

Actividad 3

Tú	Yo	Ella
Nosotros		Ellos

1. __________ hornea una tarta.

2. __________ puedo sumar.

3. __________ van a ir de viaje.

4. __________ necesitas darle de comer al perro.

5. ____________________ leemos.

Copyright © The McGraw-Hill Companies, Inc.

Nombre________________________________

Lección 76

Actividad 4

grande

hay

mucho

que

todas

cines

eso

gusta

mucha

porque

amigos

partes

altos

jugar

Copyright © The McGraw-Hill Companies, Inc.

Nombre

Lección 76

Actividad 5

trá fi co

her ma na

plá ti ca

se ma na

ciu dad

a bue la

e di fi cios

es cue la

te a tros

Copyright © The McGraw-Hill Companies, Inc.

Nombre

Lección 77

Actividad 2

Actividad 4

chaqueta autobús

Quique chofer

quedó paquete

tenía raqueta

Copyright © The McGraw-Hill Companies, Inc.

Nombre______________________________

Lección 78

Actividad 4

huevo

pequeño

cocodrilo

juncos

insectos

felices

orilla

Copyright © The McGraw-Hill Companies, Inc.

Nombre

Lección 79

Zz

Actividad 1

z

z

Z

Z

Copyright © The McGraw-Hill Companies, Inc.

Nombre

Lección 79

Actividad 3

Copyright © The McGraw-Hill Companies, Inc.

Nombre

Lección 79

Actividad 4

eran	dicen	ocho
cola	ojos	otros
esos	mis	clase
nariz	casa	casas

Actividad 5

hablamos	dragones	leyendas
leemos	algunas	tragaban
cosechas	echaban	enteras
cabezas	pequeño	apacible

Copyright © The McGraw-Hill Companies, Inc.

Nombre ____________________

Lección 80

Actividad 1

tira	grita
salta	corre

1. Jaime __________ la pelota a Carolina.

2. Andrea __________ más rápido que Catina.

3. Sarita __________ la cuerda en el patio.

4. Carlos __________ muy fuerte en el campo.

Copyright © The McGraw-Hill Companies, Inc.

Nombre_______________

Lección 80

Actividad 4

algunas

algunos

apacible

cabezas

cosechas

dragones

echaban

hablamos

leemos

leyendas

tragaban

Copyright © The McGraw-Hill Companies, Inc.